SYNTESEMODELLEN

Copenhagen Coaching Center blev dannet i 2004. Vi udbyder uddannelser indenfor coaching og ledelse samt yder ledelsessparring, coaching og skræddersyede uddannelses- og udviklingsforløb for virksomheder, teams og enkeltpersoner i såvel offentlige institutioner som i det private erhvervsliv. Siden virksomhedens start har vores mål være at støtte og udbrede det udforskende projekt som læring og udvikling kan være.

Vi har som ambition at være et videns-center for vores kunder og samarbejdspartnere, og vi arbejder dagligt på at udvikle, formidle og udveksle indsigt og erfaring med dialog, ledelse og læring.

OUSIA PUBLICATIONS er det nyeste tiltag i denne bestræbelse.

SYNTESEMODELLEN
En introduktion

OUSIA PUBLICATIONS

Syntesemodellen, en introduktion
© 2021, **OUSIA PUBLICATIONS**

Forlag: BoD – Books on Demand, Hellerup, Danmark
Tryk: BoD – Books on Demand, Norderstedt, Tyskland

ISBN 9788743048305
1. udgave, 2. oplag.

MIX
Papir fra ansvarlige kilder
Paper from responsible sources
FSC® C105338
FSC
www.fsc.org

OUSIA PUBLICATIONS
v/ Copenhagen Coaching Center
Blegdamsvej 104A
DK-2100 København Ø
www.copenhagencoaching.dk

Introduktion

Det at kunne forvalte og gennemføre væsentlige samtaler ordentligt, værdigt og opbyggende er vigtigt. Dialoger og her særligt professionelle dialoger må udvikles og fagligt set tages alvorligt. Og det gode spørgsmål er hvordan man som leder, HR-partner, projektleder, helt almindelig medarbejder og ikke mindst professionel samtalepartner finder sin form i vigtige dialoger. I disse artikler (part 1-3) vil der argumenteres for vigtigheden af at være teoretisk og praktisk godt klædt på, veluddannet og dannet ind i en disciplinering af metoder, greb, sprogligheder, indstillinger samt brug af menneskekendskab og kundskab i samtaler.

Vejen til en egentlig teoretisk og praktisk syntese af relevante teorier og praksisser har taget tid. I samarbejde med gode kolleger, studerende og fagpersoner er det lykkes at skabe et gedigent fundament til en egentlig samtalepraksis. Rejsen frem til en sådan startede i 2004, hvor det til stadighed blev mere og mere tydeligt, at der manglede faglighed i coaching-branchen, der ikke er et beskyttet felt og fag. Derfor stiftedes Copenhagen Coaching Center, der havde til formål at bidrage til en professionalisering af feltet. Her stiftedes et advisoryboard, der skulle støtte udvikling af en masteruddannelse i coaching.

De følgende år eksperimenteredes med form og indhold på uddannelsen helt frem til 2009, hvor rammen for denne blev lagt fast, gennem det der sidenhen skulle komme til at hedde syntese-modellen.

Allerede fra start i 2004 var ambitionen at samle de psykologiske tilgange til samtaler, der fandtes i feltet og arbejde med deres respektive bidrag ud fra en ide om, at de hver især bidrager med unikke vinkler, metoder og perspektiver på et givent dilemma i et menneskes arbejdsliv. Disse er gennem årene blevet udviklet, forfinet og raffineret både teoretisk og praktisk. Der er kommet nye teorier og metoder til i takt med, at feltet har udviklet sig.

Det vi står med i dag, er således ikke en færdig og 'lukket' model eller ramme, men et teoretisk og praktisk ståsted, der gennem tiderne har vist sig at være hjælpsomt for ledere og konsulenter, særligt bemærkelsesværdigt er den værdi, det skaber for den enkelte deltager på uddannelser, der introducerer denne ramme, at det også personligt giver læring, dannelse og udvikling.

Kært barn har mange navne og således også fænomenet dialog og for den sags skyld coaching, som for alvor vandt indpas som metode og samtaleform i starten af 1990'erne.

Ved et nærmere kig på samtale-litteraturen hen over de seneste 20 år ses først og fremmest store mængder af bøger, perspektiver, svingende fra små håndbøger/selvhjælps-pamfletter til større mere grundlæggende bøger om samtale-teknikkernes praktiske udfoldelse og også nogle få om teorierne bag. Vi synes således stadig, at der er plads til og brug for en mindre artikelserie (denne part 1-3), der både rummer tilbundsgående teoretisk indsigt og samtidig en tydelig praksisvinkel i form af eksempler og øvelser.

Det er med stor respekt for teoretikere og praktikere, forskning og erfaring, at vi i denne mindre serie således tilbyder syntese-modellen, der hviler på erfaring med at arbejde i og med samtaler og dialoger igennem godt 15 års undervisning i coaching, dialoger og ledelse, samt en del indblik i de almen-psykologiske principper og dominerende tendenser, som coachen eller lederen møder i arbejdet med menneskerne.

Vores største forhåbning og ambition med denne part 1-3, hvor nærværende artikel blot er introducerende hertil er, at der gives et nøjere kendskab til tre grundlæggende meta-rammer til at arbejde i og med professionelle samtaler.

Hvordan er syntesemodellen opstået; hvor kommer den fra?

I denne introduktion vil vi indkredse syntesemodellen ved at skitsere dens delkomponenter, teoretiske begreber og meta-koder. Dette vil vi gøre gennem at stille og besvare nogle spørgsmål. Således har denne del overordnet en karakter, som dels har til formål at opridse modellens historiske horisont, og dels gerne skulle anskueliggøre dennes omsættelighed i praksis.

For så vidt angår syntesemodellens historik og fremkomst deler denne sig i to fortællinger, som dels er personbåret og dels er sociokulturel, dvs. først og fremmest vedrører den vores helt egen oplevelse og erfaring gennem dannelsen af modellen, og dernæst den noget mere teoretisk behæftede beskrivelse. I forhold til først-nævnte er syntesemodellen i skrivende stund og i sin nuværende form omtrent 17 år gammel, og den viser sine første konturer, og tog sit udgangspunkt i vores arbejde med at skabe et teoretisk ståsted i udviklingen af en 2-årig coaching-uddannelse på master-niveau.

Hvad vi ikke vidste på det tidspunkt var, at syntesemodellen også skulle gå hen og skabe andre effekter og figurer udenfor coach-praktikken.[1] En af de væsentlige grunde til, at den kom til at hedde

---

[1] Fx blev modellen også grundlaget for designet af uddannelsen, et forret-ningskoncept, en pædagogisk ramme, som har udklækket en del øvelser og trænings-scenarier. Men også andre temaer, såsom procesledelse, konflikthåndtering og andre

syntesemodellen var, at vi i opstarten på coaching-uddannelsen etablerede en syntesedag i slutningen af hvert semester, inden eksamen. Der samlede vi i samarbejde med de studerende et overblik over de præsenterede tilgange og teorier og efterhånden, som det blev praksis, kom flere begreber på de respektive forskelle på tilgangene, som endte ud i tre dominerende diskurser. De tre grundforskelle og dimensioner som repræsenterer hver sin teoretiske, praktiske og metodiske tilgang delte syntesemodellen op fra begyndelsen af.

Vi så med andre ord for os, at den første del, som er repræsenteret ved en kognitiv, psykologisk tænkning, kunne gøres metodisk og coaching-teknisk gennem at opdyrke denne del via den teoretiske og forskningsmæssige forankring indenfor den kognitive og adfærdsterapeutiske skoling (det blev til "den grønne dimension", part 1), og at den anden del repræsenteret som en psykodynamisk, psykologisk tænkning måtte hente sin grundlæggende figur og tilgang fra den freudianske tradition (det blev til "den blå dimension", part 2) samt, at den tredje del kom til syne som en systemisk & narrativ, psykologisk tænkning (det blev til "den røde dimension", part 3).

Således havde vi fået indkapslet de tre dominerende psykologiske skoler i vesten og gjort dem klar til at integrere sig i coach-praktikken med henblik på at styrke coaching i praksis og med forankring i en teoretisk tyngde og forskningsmæssig tradition ud fra ideen om, at en grundig fundering i de gældende diskursive traditioner gennem integration i den enkelte studerendes coaching-praksis måtte være et væsentligt skridt ind i et markant

---

ledelsesmæssig og af erhvervsorienteret interesse er sidenhen gået hen og blevet behandler gennem syntesemodellen, som således støt stigende kom til at fungere som en art analytisk filter og idegenerator for konceptudvikling og løsning af opgaver, m.m.

løft af fagets faglighed og en, med dette, indlejret forventning om, at en fagligt og ordentligt funderet samtalepartner har en dyb og bred teoretisk viden og forståelse at trække på i samtaler og altid ved hvorfra han/hun henter sine spørgsmål, samt kender grundene hertil.

Da denne tredeling stod os klart, faldt flere dele på plads den kommende periode. Dels farvekodede vi som nævnt de tre områder i henholdsvis en grøn, blå og rød farve, og dels begyndte vi at omtale områderne som dimensioner, tilgange og/eller diskurser, og endelig gik vi gang med at gennemtænke forskellige niveauer af metakodning.

De mest omfattende meta-betegnere blev som følgende:

1. Den grønne tilgang og dimension betegner vi overordnet som en *kontrol-diskurs*, hvormed vi sigter på, at her gælder det om at få styr på noget gennem fx at få klarlagt, fastlagt, og på anden vis afdækket et faktisk foreliggende forhold med henblik på at få øget sin performance, indfriet sin målsætning, og i det hele taget få fat om en udfordring og få den gjort håndtérbar. Her er tankerne i fokus.

2. Den blå tilgang og dimension betegner vi overordnet som en *tilstands-diskurs*, hvormed vi sigter på, at her gælder det om at mærke noget ved at opleve de stemninger, følelser og de tilstande som en given situation bringer med henblik på at kunne rumme, være i og efterfølgende udforske den pågældende udfordring. Her er følelserne i fokus.

3. Den røde diskurs og dimension betegner vi overordnet som en *tilblivelses-diskurs*, hvormed vi sigter på, at her gælder det om at give slip på en given (selv)centrering og

11

fiksering gennem at arbejde i og med positionsskift, eksternalisering og de relationelle omgivelser med henblik på at etablere en flydende identitet, nye handlings-landskaber og i det hele taget ske gennem alternativer, brud og passende forstyrrelser. Her er relationerne i fokus.

Herved var hovedlinjerne i og overskrifterne på de tre dominerende psykologiske tilgange til coaching blevet aftegnet, og det skulle vise sig fremover, at disse skitser udartede sig til dels at blive yderligere beskrevet og nuanceret, og dels dannede grundlaget for en mangfoldig coaching-model, der pegede i retning af en helt ny og interessant form for kombineret og integreret coach-praktik, dialogisk metode og ledelsesmæssig arbejdsramme. I kulissen lå der på daværende tidspunkt allerede en stor interesse i at integrere den græske dialogform, som går under navnet "Protreptik", samt intet mindre end 14 moderne former for vestlig filosofisk tænkning – fra Kant og frem til og med Deleuze.[2]

Det er klart, at i et sådant arbejde træffes der en række valg i forhold til at indholdsbestemme en sproglighed, at iklæde de forskellige tilgange nogle bestemte definitioner med den åbenlyse konsekvens, at det ikke er alt, der lader sig gøre at få plads til ift. de store teoretikere og filosoffer helt som det er tænkt i deres udgangspunkt.

Med andre ord arbejdede vi så loyalt som det vel kan gøres med at balancere fremkomsten af vores model med de psykologiske og

---

[2] Således udgav vi i 2015: "Protreptik i praksis. Få væsentlige samtaler til at lykkes.", hvori syntese-modellen også gør sig gældende indenfor dette område og på dette niveau.

filosofiske selvforståelser og fremstillinger. Vi begyndte med andre ord at koble de teoretiske koder fra de respektive paradigmer og positioner ved at integrere, forskyde og redefinere – og samtidig tilstræbe at øve minimal vold på deres oprindelige intention.

I koblingerne mellem de psykologiske og filosofiske teoribegreber blev der skabt noget nyt, som vi kort vil skitsere i nedenstående:

1. I mødet mellem den kognitionspsykologiske tænkning og tilgang til coaching og kognitionsfilosofien i form af tre filosoffer, Kant, Hegel og Husserl – stod det klart, at hele den grønne kontrol-diskurs grundlæggende handler om forstandig og fornuftig tænkning og refleksion, selvbevidsthed og intentionalitet samt en god portion logisk sans og kategorial struktur og systematik. Og at hele dette repertoire er væsentligt for en coach at lære noget om for bedre at kunne stille præcise, afdækkende spørgsmål med henblik på at øge abstraktions-niveauet og dermed højne den kognitive kapacitet hos sig selv og den pågældende fokusperson.

2. I mødet mellem den psykodynamiske psykologi og tilgang til coaching og eksistensfilosofien i form af tre filosoffer, Kierkegaard, Nietzsche og Sartre – så vi, at hele den blå tilstandsdiskurs grundlæggende handler om at arbejde med en række fundamentale vilkår i tilværelsen og ved det at være menneske såsom angst, fortvivlelse, magtvilje og valg. Og at hele dette repertoire skal en coach lære noget om for bedre at kunne arbejde med følelser, dæmoniske anlæg og selvforholdet med henblik på at udfolde emotionel kapacitet, og i det hele taget styrke

kraften og inderligheden hos sig selv og den pågældende fokusperson.

3. I mødet mellem den systemiske/narrative psykologi og tilgang til coaching og det vi valgte at betegne som differensfilosofien i form af Heidegger, Foucault og Derrida – gik det op for os, at hele den røde tilblivelsesdiskurs grundlæggende handler om forskelle, mønstergenkendelse, diffuse magtspil og bristepunkter og i det hele taget aldrig tage hensyn til, at noget overhovedet kan forblive det samme. Og at hele dette repertoire skal en coach lære noget om for bedre at kunne arbejde med samskabelse, åbninger og frigivelse med henblik på at generere relationel kapacitet, og i det hele taget lade begivenheder og uforudsigelige hændelser indtræffe hos sig selv og den pågældende fokusperson.

Således viser det sig, at syntesemodellen, som den dannes, kommer fra og funderes i intet mindre end som nævnt tre dominerende vestlige psykologier og omtrent 14 filosofiske former for tænkning, metodeforståelse og teoretisk forankring.

Hvad angår de sidste endnu ikke nævnte tre filosofiske tilgange, opstod disse ud fra en analytisk betragtning på skitserne til denne cirkelformede model med i alt tre overgange, nemlig;

1) overgangen mellem den grønne og blå diskurs
2) overgangen mellem den blå og den røde diskurs
3) overgangen mellem den røde og den grønne diskurs

Herved var der i modellen indtegnet de tre grundforskelle, hvilket afstedkom en række ikke så uinteressante spørgsmål og refleksioner i forhold til en coaching-kontekst:

1. Grundforskel: Hvad sker der mellem tanken og emotionen; hvordan forbindes kontrol med tilstand, og hvad kan betegne denne forskel og mulige syntese?

2. Grundforskel: Hvad sker der mellem emotioner og relationer; hvordan forbindes stemninger med tilblivelse, og hvad kan betegne denne forskel og mulige syntese?

3. Grundforskel: Hvad sker der mellem relationer og tænkning; hvordan forbindes tilblivelse med kontrol, og hvad kan betegne denne forskel og mulige syntese?

Svarene på ovenstående interesse og udforskning blev i kort form som følger:

1) *Kroppen* udgør som tema, forbindelsesleddet mellem den menneskelige refleksionsform og dets følelsesliv. Her blev den franske fænomenolog, Merleau-Ponty sat i spil.

2) *Mødet* udgør som tema, forbindelsesleddet mellem det stemte oplevelsesrum og de relationelle tilblivelses-processer. Her blev dialogfilosofien i form af Buber, Marcel og Levinas sat i spil.

3) *Eksperimentet* udgør som tema, forbindelsesleddet mellem konteksternes produktion af individualitet og den

refleksive abstraktion. Her blev den transcendentale materialisme i form af Deleuze og Guattari sat i spil.

Således var syntesemodellen blev befolket af en række begreber, teoretiske meta-koder og frem for alt en stærk og kompleks gruppe af psykologiske og filosofiske skoler, metoder og teknikker, og nu skulle den i støt stigende grad videreudvikles i takt med, at den mødte praktiske behov og udfordringer i former af kursister, studerende og almindelig sund hverdagsfornuft og pragmatiske kriterier for, hvad der er nyttig og anvendeligt.

Selvom den i de første par år var blevet stimuleret frem gennem tests og mindre laboratorier i møder mellem akademikere og praktikere ville de næste par år vise sig at være befordrende for syntesemodellens videre udvikling.

Hvad er hensigten med at arbejde i og med syntesemodellen?

Fra det moment hvor vores teoretiske konstruktion rammer brugerfladen, dvs. fra og med det øjeblik, hvor syntesemodellen møder vores kunder i form af kursister, studerende og som publikum, sker der noget. Den møder først og fremmest en skærpet form for anvendeligheds-orientering sådan forstået, at der hos stort set alle "lyttere" og "brugere" var en stor optagethed af projektet og dermed også stor appetit på, hvordan den kunne bruges i praksis, hvilke spørgsmål der kunne stilles hvor, og hvordan man kunne være sikker på, hvad der virkede bedst hvornår, dernæst inspirerede den til at få tilført en række mere konkrete koder og meta-begreber, og endelig dukker der også et narrativ op i forbindelse med fremstillingen og præsentationen af den på seminarer, i forbindelse med foredrag, ved kurser og på uddannelser.

Hele denne proces foregår ikke så overaskende løbende og vidner om det faktum, at sådan er virkeligheden i en konsulentvirksomhed/undervisningsinstans eller skole, som opererer på det private marked, og som veksler produkter i brydningsfeltet mellem udbud og efterspørgsel, konkurrence, positionering og innovative tiltag; produkter som samtidig består af en immateriel karakter med en indlejret fleksibilitet. Det skal jo give mening!

Dette bibringer syntesemodellen en lang række ekstra lag, linjer og skæringer båret frem af det åbenlyse spørgsmål (som fx):

- Hvad er formålet med syntese-modellen?
- Hvad kan den?
- Hvad får vi ud af at investere i at lære at bruge den?
- Hvad kan den bruges til?
- Hvordan vil den gavne mig/os, m.m.?

I det følgende vil vi give nogle eksempler på, hvordan dette præger syntesemodellen i en konstruktiv og produktiv retning.

Fx får vi indskrevet i den grønne diskurs, at den sigter efter og indkredser en *menings-dimension*, hvormed vi derved gør 'mening' til en rationel og logisk kodning. Til forskel herfra opererer vi med en *betydnings-dimension* i den blå diskurs, der herved får tilskrevet en emotionel og stemningsmæssig kodning. Og endelig tilskrives den røde diskurs en *væsentligheds-dimension*, som dermed bibringer tilblivelsesbegrebet en transformativ kodning.

I disse treklangs-manøvrer inviteres vi også til at kunne betegne, hvilke positioner man kan sige, at man kan indtræde i ... i coachrollen; således får kontroldiskursen tildelt en *empatisk* funktion sådan forstået, at man som den professionelle samtalepart på det relationelle plan er med-følende, tilstandsdiskursen får tildelt en *sympatisk* funktion, der her skal opfattes som sam-følende og tilblivelsesdiskursen får tildelt en såkaldt *para-sympatisk* funktion, hvor måden man er sammen i samtalen på, er autonomt ligevægtssøgende; altså ikke noget vi som samtale-partnere kan styre, men snarere bliver styret af.

Og da vores kunder, kursister og studerende kommer fra forskellige organisatoriske lag i virksomheder og samfundet generelt, befolkes syntesemodellens forskellige diskursive rum også af en sproglighed, som tilsigter at matche de studerendes tænkning, referenceramme og normale ordforråd.

Som ex får den grønne logos-dimension tilknyttet "fatbarhed" (og klarhed), den blå patos-dimension får tilknyttet "mærkbarhed" (og inderlighed), og den røde etos-dimension får tilknyttet en "åbenbarhed" (og åbenhed), hvorved vi kan karakterisere de tre diskurser som henholdsvis søgende det fatbare, mærkbare og åbenbare som særlige markører, målsætninger og oriente-ringspunkter for de respektive tre psykologiske og filosofiske tilgange og dertilhørende metoder og teknikker. Og samtidig får fremstillingen af modellen skabt et narrativ, som følger cirkel-formens bevægelse i urets retning.

Således begynder vi altid med at beskrive den grønne dimension, og forklarer fx hvor vigtigt det er at kunne indgå i en empatisk position i coach-rollen, hvor man stimulerer fokuspersonen til at få skabt tilstrækkelighed klarhed og logisk fortrolighed med sin udfordringer, gennem at kunne styre på rammen i coaching-processen med henblik på at støtte fokusperson til dels at få fat om sin udfordring i kognitiv forstand og få sin målsætning og løsningsorientering gjort fatbar.

Herved får vi samtidig tydeliggjort, at kontroldiskursen arbejder gennem struktur, afdækning og præciserende fokus med det sigte at få skabt rationel mening, tydelighed og overblik.

Næste skridt i den narrative fremstilling af modellen er at få tydeliggjort, at langt fra alle coaching-samtaler grundlæggende handler om at få produceret meta-planer og refleksive abstraktioner hos fokuspersonen, dvs. at forstå hvad der egentlig er tale om i rationel forstand, men også kan handle om at få betydnings-dimensionen frem gennem at indtræde i den sympatiske position i coach-rollen, dvs. her sammen med fokuspersonen finde ud af, hvad der i en given problemstilling betyder noget ud fra ideen om, at et givent dilemma godt kan give mening uden, at man nødvendigvis 'kan mærke sig selv i det' dvs. uden, at man finder ud af om og hvad, der betyder noget.

Det gælder nemlig om indenfor rammerne af den blå tilstands-diskurs at kunne være i udfordringen sammen med fokus-personen, dvs. opholde sig sammen, dvæle i vanskeligheden, og derved gøre den mærkbar. Kort sagt; her handler det om "at lære at være i det svære".

Herved får vi samtidig fremhævet, at tilstandsdiskursen arbejder gennem intensiteter, stemningsskift og udfoldelses-potentiale, altså en art *katalyse*, hvor der gennem at rumme stemningerne, der ellers har været 'u-rummelige' genereres en kraft, som ikke bruger energi, men giver energi med det sigte at få skabt tryghed omkring, ro i og venskab med den pågældende udfordring hos fokuspersonen.

I bevægelsen fra den grønne og den blå diskurs i retning af den røde dimension bliver det formuleret, at bevægelsen også går fra det individuelle, mentale og emotionelle indre til det sociale fællesskab, den relationelle kontekst og i det hele taget ud på den anden side af fokuspersonens eget (indre) rum. Således handler den røde tilblivelsesdiskurs om at forlade den enkeltes placering ved at tilbyde positions- og perspektivskift gennem inddragelse af omgivelser, kontekster og sociale mønstre, m.m.

Herved får vi muliggjort, at individet intet er i sig selv, men henter sine grunde og udfaldsrum fra strengt taget alt andet og andre end sig selv, men primært gennem de udsagn som en given sammenhæng gør det muligt at udsige, og at fokuspersonen således inviteres til at komme væk fra sig selv og ud i sine relationelt, producerede områder. Her handler det om samskabelse, passende forstyrrelser og mønsterbrud i og med det sociale system.

Udover at formuleringer som ovenstående støt stigende forankrer og konsoliderer syntesemodellens indre forhold og logiske dynamik, og styrker vores fremstilling heraf, opstår der også en række læresætninger og begrundelser, som fx at;

'Vi kan godt have samtaler, som giver mening, men som ikke rigtig betyder noget. Og vi kan også have samtaler, som betyder rigtig meget, men som kan være rigtig svære at fatte meningen med'.

Dertil følger at modellens teoretiske konstruktion også medfører andre betegnelser som fx "pædagogisk model", "en analytisk skæring som i praksis blander sig sammen", samt "en teoretisk arbejdsramme", hvorfra der forplanter sig, og er tilknyttet en lang række øvelser og dertil hørende træningsbaner med forskellige greb, teknikker og metoder.

Når den grønne coaching-tilgang således har noget at gøre med at forandre en mening med henblik på at skærpe tanken på andre refleksive vinkler på den pågældende udfordring, handler den blå coaching-tilgang om at udfolde stemningen og følelsen knyttet til den som oftest vanskelige emotionelle sammenvoksning hermed. Fx at komme nærmere en eller flere af de typiske grundfølelser; angst, sorg, vrede eller glæde ... kan være sin sag, viser det sig.

Til forskel herfra signalerer den røde tilgang som nævnt et ydre fokus i forhold til individet, og samtidig et tegn på, at her sker der noget således som fx "gennembruddet" kan udtrykke det dvs., at netop begivenheden, det betydningsfulde øjeblik i coaching-processen, hvor det væsentlige åbner sig – *et mirakuløst moment*, ikke bare er noget man i coach-rollen kan håbe på indtræffer af sig selv, og når/hvis det sker, dels heller ikke bare skal glædes stiltiende omkring, men at det faktisk er noget, man som coach kan træne sig til at nærme fokuspersonen, og når det sker kan arbejde videre igennem erkendelsessporets åbnings-horisont.

Herved går disse fortællinger og fremstillinger som skitseret i det ovenstående hen og bliver segmenterede baggrunds-beretninger, som dels animerer til en lang række øvelsesscenarier, dels forankres i tekst, cases og teori-materiale, psykologisk såvel som filosofisk, men samtidig begynder kursisterne og de studerende på uddannelserne at opfatte syntesemodellens tredeling som en i sig selv værende effektiv og brugbar coaching-metode. Med andre ord begynder selve skiftene fra grøn diskurs, blå diskurs og rød diskurs at give god mening i praksis; at man så at sige kan komme godt rundt i hjørnerne i en samtale om en given problemstilling ved at bevæge sig på tværs af dimensionerne men, at man også kan hente en del frem ved at gå i dybden i de respektive tre dimensioner.

Herved bliver formålet med syntesemodellen klargjort nemlig, at den eklektiske tilgang er styrken som dels modner coach-aspirantens personlige tanker, emotioner og relationelle indlejring, dels udfordrer gældende og herskende overvejende entydige og ensidige psykologiske og filosofiske skoler og positioner, samt udstyrer coach-aspiranten med et anseeligt metode-apparat, et ganske omfattende spørge-arsenal samt en fleksibilitet i praksis, som gør det muligt med usvigelig træfsikkerhed at spørge lige derfra, hvor spørgsmålet skal stilles i den givne situation.

Med andre ord installerer syntesemodellen en dialogisk kapacitet i coach-praktikken gennem at tilvejebringe den flittige og dygtige coach-studerende et kognitivt, emotionelt og relationelt beredskab via en personlig og dybtgående selv-erkendelsesproces i tilegnelsen af det teoretiske stof og de mange øvelsestimer med kvalificeret feedback og supervision fra medstuderende og undervisere.

Vi vil i de kommende tre artikler (part 1-3) udfolde en dimension ad gangen på det coaching-psykologiske niveau...